I0474047

NAME _____

ADDRESS _____

_____

EMAIL _____

PHONE _____

DATE

SCHEDULE

6:00

7:00

8:00

9:00

10:00

11:00

12:00

1:00

2:00

3:00

4:00

5:00

6:00

7:00

8:00

9:00

GOALS

NOTES

✓ TASKS

○ _____
○ _____
○ _____
○ _____
○ _____
○ _____
○ _____
○ _____
○ _____
○ _____
○ _____
○ _____
○ _____
○ _____
○ _____
○ _____
○ _____
○ _____
○ _____

DATE

SCHEDULE

6:00

7:00

8:00

9:00

10:00

11:00

12:00

1:00

2:00

3:00

4:00

5:00

6:00

7:00

8:00

9:00

GOALS

NOTES

✓ TASKS

○ _____
○ _____
○ _____
○ _____
○ _____
○ _____
○ _____
○ _____
○ _____
○ _____
○ _____
○ _____
○ _____
○ _____
○ _____
○ _____
○ _____
○ _____
○ _____
○ _____

DATE

SCHEDULE

6:00

7:00

8:00

9:00

10:00

11:00

12:00

1:00

2:00

3:00

4:00

5:00

6:00

7:00

8:00

9:00

GOALS

NOTES

✓ TASKS

- ○
- ○
- ○
- ○
- ○
- ○
- ○
- ○
- ○
- ○
- ○
- ○
- ○
- ○
- ○
- ○
- ○
- ○
- ○

DATE

SCHEDULE

6:00

7:00

8:00

9:00

10:00

11:00

12:00

1:00

2:00

3:00

4:00

5:00

6:00

7:00

8:00

9:00

GOALS

NOTES

✓ TASKS

○ _____
○ _____
○ _____
○ _____
○ _____
○ _____
○ _____
○ _____
○ _____
○ _____
○ _____
○ _____
○ _____
○ _____
○ _____
○ _____
○ _____
○ _____

DATE

SCHEDULE

6:00

7:00

8:00

9:00

10:00

11:00

12:00

1:00

2:00

3:00

4:00

5:00

6:00

7:00

8:00

9:00

GOALS

NOTES

TASKS
- ✓
- ○
- ○
- ○
- ○
- ○
- ○
- ○
- ○
- ○
- ○
- ○
- ○
- ○
- ○
- ○
- ○
- ○
- ○

DATE

SCHEDULE

6:00

7:00

8:00

9:00

10:00

11:00

12:00

1:00

2:00

3:00

4:00

5:00

6:00

7:00

8:00

9:00

GOALS

NOTES

✓ TASKS

- ○
- ○
- ○
- ○
- ○
- ○
- ○
- ○
- ○
- ○
- ○
- ○
- ○
- ○
- ○
- ○
- ○
- ○

DATE

SCHEDULE

6:00

7:00

8:00

9:00

10:00

11:00

12:00

1:00

2:00

3:00

4:00

5:00

6:00

7:00

8:00

9:00

GOALS

NOTES

✓ TASKS

- ○ _____
- ○ _____
- ○ _____
- ○ _____
- ○ _____
- ○ _____
- ○ _____
- ○ _____
- ○ _____
- ○ _____
- ○ _____
- ○ _____
- ○ _____
- ○ _____
- ○ _____
- ○ _____
- ○ _____
- ○ _____

DATE

SCHEDULE

6:00

7:00

8:00

9:00

10:00

11:00

12:00

1:00

2:00

3:00

4:00

5:00

6:00

7:00

8:00

9:00

GOALS

NOTES

✓ TASKS

- ○
- ○
- ○
- ○
- ○
- ○
- ○
- ○
- ○
- ○
- ○
- ○
- ○
- ○
- ○
- ○
- ○
- ○
- ○

DATE

SCHEDULE

6:00

7:00

8:00

9:00

10:00

11:00

12:00

1:00

2:00

3:00

4:00

5:00

6:00

7:00

8:00

9:00

GOALS

NOTES

✓ TASKS

○ _____
○ _____
○ _____
○ _____
○ _____
○ _____
○ _____
○ _____
○ _____
○ _____
○ _____
○ _____
○ _____
○ _____
○ _____
○ _____
○ _____
○ _____
○ _____

DATE

SCHEDULE

6:00

7:00

8:00

9:00

10:00

11:00

12:00

1:00

2:00

3:00

4:00

5:00

6:00

7:00

8:00

9:00

GOALS

NOTES

✓ TASKS

- ○ _____
- ○ _____
- ○ _____
- ○ _____
- ○ _____
- ○ _____
- ○ _____
- ○ _____
- ○ _____
- ○ _____
- ○ _____
- ○ _____
- ○ _____
- ○ _____
- ○ _____
- ○ _____
- ○ _____
- ○ _____
- ○ _____

DATE

SCHEDULE

6:00

7:00

8:00

9:00

10:00

11:00

12:00

1:00

2:00

3:00

4:00

5:00

6:00

7:00

8:00

9:00

GOALS

NOTES

✓ TASKS

- ○
- ○
- ○
- ○
- ○
- ○
- ○
- ○
- ○
- ○
- ○
- ○
- ○
- ○
- ○
- ○
- ○
- ○
- ○

DATE

SCHEDULE

6:00

7:00

8:00

9:00

10:00

11:00

12:00

1:00

2:00

3:00

4:00

5:00

6:00

7:00

8:00

9:00

GOALS

NOTES

✓ TASKS

- ○ _____
- ○ _____
- ○ _____
- ○ _____
- ○ _____
- ○ _____
- ○ _____
- ○ _____
- ○ _____
- ○ _____
- ○ _____
- ○ _____
- ○ _____
- ○ _____
- ○ _____
- ○ _____
- ○ _____
- ○ _____
- ○ _____

DATE

SCHEDULE

6:00

7:00

8:00

9:00

10:00

11:00

12:00

1:00

2:00

3:00

4:00

5:00

6:00

7:00

8:00

9:00

GOALS

NOTES

✓ TASKS

○ _____
○ _____
○ _____
○ _____
○ _____
○ _____
○ _____
○ _____
○ _____
○ _____
○ _____
○ _____
○ _____
○ _____
○ _____
○ _____
○ _____
○ _____
○ _____

DATE

SCHEDULE

6:00

7:00

8:00

9:00

10:00

11:00

12:00

1:00

2:00

3:00

4:00

5:00

6:00

7:00

8:00

9:00

GOALS

NOTES

✓ TASKS

- ○ _____
- ○ _____
- ○ _____
- ○ _____
- ○ _____
- ○ _____
- ○ _____
- ○ _____
- ○ _____
- ○ _____
- ○ _____
- ○ _____
- ○ _____
- ○ _____
- ○ _____
- ○ _____
- ○ _____
- ○ _____
- ○ _____

DATE

SCHEDULE

6:00

7:00

8:00

9:00

10:00

11:00

12:00

1:00

2:00

3:00

4:00

5:00

6:00

7:00

8:00

9:00

GOALS

NOTES

✓ TASKS

- ○
- ○
- ○
- ○
- ○
- ○
- ○
- ○
- ○
- ○
- ○
- ○
- ○
- ○
- ○
- ○
- ○

DATE

SCHEDULE

6:00

7:00

8:00

9:00

10:00

11:00

12:00

1:00

2:00

3:00

4:00

5:00

6:00

7:00

8:00

9:00

GOALS

NOTES

✓ TASKS

○
○
○
○
○
○
○
○
○
○
○
○
○
○
○
○
○
○
○

DATE

SCHEDULE

6:00

7:00

8:00

9:00

10:00

11:00

12:00

1:00

2:00

3:00

4:00

5:00

6:00

7:00

8:00

9:00

GOALS

NOTES

✓ TASKS

- ○
- ○
- ○
- ○
- ○
- ○
- ○
- ○
- ○
- ○
- ○
- ○
- ○
- ○
- ○
- ○
- ○
- ○
- ○

DATE

SCHEDULE

6:00

7:00

8:00

9:00

10:00

11:00

12:00

1:00

2:00

3:00

4:00

5:00

6:00

7:00

8:00

9:00

GOALS

NOTES

✓ TASKS

- ○
- ○
- ○
- ○
- ○
- ○
- ○
- ○
- ○
- ○
- ○
- ○
- ○
- ○
- ○
- ○
- ○
- ○
- ○

DATE

SCHEDULE

6:00

7:00

8:00

9:00

10:00

11:00

12:00

1:00

2:00

3:00

4:00

5:00

6:00

7:00

8:00

9:00

GOALS

NOTES

✓ TASKS

- ◯
- ◯
- ◯
- ◯
- ◯
- ◯
- ◯
- ◯
- ◯
- ◯
- ◯
- ◯
- ◯
- ◯
- ◯
- ◯
- ◯
- ◯
- ◯

DATE

SCHEDULE

6:00

7:00

8:00

9:00

10:00

11:00

12:00

1:00

2:00

3:00

4:00

5:00

6:00

7:00

8:00

9:00

GOALS

NOTES

✓ TASKS

- ○
- ○
- ○
- ○
- ○
- ○
- ○
- ○
- ○
- ○
- ○
- ○
- ○
- ○
- ○
- ○
- ○
- ○

DATE

SCHEDULE

6:00

7:00

8:00

9:00

10:00

11:00

12:00

1:00

2:00

3:00

4:00

5:00

6:00

7:00

8:00

9:00

GOALS

NOTES

✓ TASKS

- ○
- ○
- ○
- ○
- ○
- ○
- ○
- ○
- ○
- ○
- ○
- ○
- ○
- ○
- ○
- ○
- ○
- ○

DATE

SCHEDULE

6:00

7:00

8:00

9:00

10:00

11:00

12:00

1:00

2:00

3:00

4:00

5:00

6:00

7:00

8:00

9:00

GOALS

NOTES

✓ TASKS

- ○
- ○
- ○
- ○
- ○
- ○
- ○
- ○
- ○
- ○
- ○
- ○
- ○
- ○
- ○
- ○
- ○
- ○

DATE

SCHEDULE

6:00

7:00

8:00

9:00

10:00

11:00

12:00

1:00

2:00

3:00

4:00

5:00

6:00

7:00

8:00

9:00

GOALS

NOTES

✓ TASKS

- ○
- ○
- ○
- ○
- ○
- ○
- ○
- ○
- ○
- ○
- ○
- ○
- ○
- ○
- ○
- ○
- ○
- ○
- ○

DATE

SCHEDULE

6:00

7:00

8:00

9:00

10:00

11:00

12:00

1:00

2:00

3:00

4:00

5:00

6:00

7:00

8:00

9:00

GOALS

NOTES

✓ TASKS

- ○ _____
- ○ _____
- ○ _____
- ○ _____
- ○ _____
- ○ _____
- ○ _____
- ○ _____
- ○ _____
- ○ _____
- ○ _____
- ○ _____
- ○ _____
- ○ _____
- ○ _____
- ○ _____
- ○ _____
- ○ _____
- ○ _____

DATE

SCHEDULE

6:00

7:00

8:00

9:00

10:00

11:00

12:00

1:00

2:00

3:00

4:00

5:00

6:00

7:00

8:00

9:00

GOALS

NOTES

✓ TASKS

○
○
○
○
○
○
○
○
○
○
○
○
○
○
○
○
○
○
○

DATE

SCHEDULE

6:00

7:00

8:00

9:00

10:00

11:00

12:00

1:00

2:00

3:00

4:00

5:00

6:00

7:00

8:00

9:00

GOALS

NOTES

✓ TASKS

- ○
- ○
- ○
- ○
- ○
- ○
- ○
- ○
- ○
- ○
- ○
- ○
- ○
- ○
- ○
- ○
- ○
- ○
- ○

DATE

SCHEDULE

6:00

7:00

8:00

9:00

10:00

11:00

12:00

1:00

2:00

3:00

4:00

5:00

6:00

7:00

8:00

9:00

GOALS

NOTES

✓ TASKS

- ⚪
- ⚪
- ⚪
- ⚪
- ⚪
- ⚪
- ⚪
- ⚪
- ⚪
- ⚪
- ⚪
- ⚪
- ⚪
- ⚪
- ⚪
- ⚪
- ⚪
- ⚪
- ⚪

DATE

SCHEDULE

6:00

7:00

8:00

9:00

10:00

11:00

12:00

1:00

2:00

3:00

4:00

5:00

6:00

7:00

8:00

9:00

GOALS

NOTES

✓ TASKS

- ○
- ○
- ○
- ○
- ○
- ○
- ○
- ○
- ○
- ○
- ○
- ○
- ○
- ○
- ○
- ○
- ○
- ○

DATE

SCHEDULE

6:00

7:00

8:00

9:00

10:00

11:00

12:00

1:00

2:00

3:00

4:00

5:00

6:00

7:00

8:00

9:00

GOALS

NOTES

✓ TASKS

- ○
- ○
- ○
- ○
- ○
- ○
- ○
- ○
- ○
- ○
- ○
- ○
- ○
- ○
- ○
- ○
- ○
- ○
- ○

DATE

SCHEDULE

6:00

7:00

8:00

9:00

10:00

11:00

12:00

1:00

2:00

3:00

4:00

5:00

6:00

7:00

8:00

9:00

GOALS

NOTES

√ TASKS

- ○
- ○
- ○
- ○
- ○
- ○
- ○
- ○
- ○
- ○
- ○
- ○
- ○
- ○
- ○
- ○
- ○
- ○
- ○

DATE

SCHEDULE

6:00

7:00

8:00

9:00

10:00

11:00

12:00

1:00

2:00

3:00

4:00

5:00

6:00

7:00

8:00

9:00

GOALS

NOTES

✓ TASKS

○
○
○
○
○
○
○
○
○
○
○
○
○
○
○
○
○
○
○

DATE

SCHEDULE

6:00

7:00

8:00

9:00

10:00

11:00

12:00

1:00

2:00

3:00

4:00

5:00

6:00

7:00

8:00

9:00

GOALS

NOTES

✓ TASKS

○ _____
○ _____
○ _____
○ _____
○ _____
○ _____
○ _____
○ _____
○ _____
○ _____
○ _____
○ _____
○ _____
○ _____
○ _____
○ _____
○ _____
○ _____
○ _____

DATE

SCHEDULE

6:00

7:00

8:00

9:00

10:00

11:00

12:00

1:00

2:00

3:00

4:00

5:00

6:00

7:00

8:00

9:00

GOALS

✓ TASKS

○ _____
○ _____
○ _____
○ _____
○ _____
○ _____
○ _____
○ _____
○ _____

NOTES

○ _____
○ _____
○ _____
○ _____
○ _____
○ _____
○ _____
○ _____
○ _____
○ _____

DATE

SCHEDULE

6:00

7:00

8:00

9:00

10:00

11:00

12:00

1:00

2:00

3:00

4:00

5:00

6:00

7:00

8:00

9:00

GOALS

NOTES

✓ TASKS

○
○
○
○
○
○
○
○
○
○
○
○
○
○
○
○
○
○
○

DATE

SCHEDULE

6:00

7:00

8:00

9:00

10:00

11:00

12:00

1:00

2:00

3:00

4:00

5:00

6:00

7:00

8:00

9:00

GOALS

NOTES

✓ TASKS

○ _____
○ _____
○ _____
○ _____
○ _____
○ _____
○ _____
○ _____
○ _____
○ _____
○ _____
○ _____
○ _____
○ _____
○ _____
○ _____
○ _____
○ _____
○ _____

DATE

SCHEDULE

6:00

7:00

8:00

9:00

10:00

11:00

12:00

1:00

2:00

3:00

4:00

5:00

6:00

7:00

8:00

9:00

GOALS

NOTES

✓ TASKS

○ _____
○ _____
○ _____
○ _____
○ _____
○ _____
○ _____
○ _____
○ _____
○ _____
○ _____
○ _____
○ _____
○ _____
○ _____
○ _____
○ _____
○ _____

DATE

SCHEDULE

6:00

7:00

8:00

9:00

10:00

11:00

12:00

1:00

2:00

3:00

4:00

5:00

6:00

7:00

8:00

9:00

GOALS

NOTES

✓ TASKS

- ○
- ○
- ○
- ○
- ○
- ○
- ○
- ○
- ○
- ○
- ○
- ○
- ○
- ○
- ○
- ○
- ○
- ○

DATE

SCHEDULE

6:00

7:00

8:00

9:00

10:00

11:00

12:00

1:00

2:00

3:00

4:00

5:00

6:00

7:00

8:00

9:00

GOALS

NOTES

✓ TASKS

- ○
- ○
- ○
- ○
- ○
- ○
- ○
- ○
- ○
- ○
- ○
- ○
- ○
- ○
- ○
- ○
- ○
- ○
- ○

DATE

SCHEDULE

6:00

7:00

8:00

9:00

10:00

11:00

12:00

1:00

2:00

3:00

4:00

5:00

6:00

7:00

8:00

9:00

GOALS

NOTES

TASKS

✓

○
○
○
○
○
○
○
○
○
○
○
○
○
○
○
○
○
○
○

DATE

SCHEDULE

6:00

7:00

8:00

9:00

10:00

11:00

12:00

1:00

2:00

3:00

4:00

5:00

6:00

7:00

8:00

9:00

GOALS

NOTES

✓ TASKS

○
○
○
○
○
○
○
○
○
○
○
○
○
○
○
○
○
○
○

DATE

SCHEDULE

6:00

7:00

8:00

9:00

10:00

11:00

12:00

1:00

2:00

3:00

4:00

5:00

6:00

7:00

8:00

9:00

GOALS

NOTES

✓ TASKS

- ○ _____
- ○ _____
- ○ _____
- ○ _____
- ○ _____
- ○ _____
- ○ _____
- ○ _____
- ○ _____
- ○ _____
- ○ _____
- ○ _____
- ○ _____
- ○ _____
- ○ _____
- ○ _____
- ○ _____
- ○ _____
- ○ _____
- ○ _____

DATE

SCHEDULE

6:00

7:00

8:00

9:00

10:00

11:00

12:00

1:00

2:00

3:00

4:00

5:00

6:00

7:00

8:00

9:00

GOALS

NOTES

✓ TASKS

○ _____
○ _____
○ _____
○ _____
○ _____
○ _____
○ _____
○ _____
○ _____
○ _____
○ _____
○ _____
○ _____
○ _____
○ _____
○ _____
○ _____
○ _____
○ _____

DATE

SCHEDULE

6:00

7:00

8:00

9:00

10:00

11:00

12:00

1:00

2:00

3:00

4:00

5:00

6:00

7:00

8:00

9:00

GOALS

NOTES

✓ TASKS

- ○
- ○
- ○
- ○
- ○
- ○
- ○
- ○
- ○
- ○
- ○
- ○
- ○
- ○
- ○
- ○
- ○
- ○
- ○

DATE

SCHEDULE

6:00

7:00

8:00

9:00

10:00

11:00

12:00

1:00

2:00

3:00

4:00

5:00

6:00

7:00

8:00

9:00

GOALS

NOTES

✓ TASKS

- ○
- ○
- ○
- ○
- ○
- ○
- ○
- ○
- ○
- ○
- ○
- ○
- ○
- ○
- ○
- ○
- ○
- ○
- ○

DATE

SCHEDULE

6:00

7:00

8:00

9:00

10:00

11:00

12:00

1:00

2:00

3:00

4:00

5:00

6:00

7:00

8:00

9:00

GOALS

NOTES

✓ TASKS

○ _____
○ _____
○ _____
○ _____
○ _____
○ _____
○ _____
○ _____
○ _____
○ _____
○ _____
○ _____
○ _____
○ _____
○ _____
○ _____
○ _____
○ _____
○ _____

DATE

SCHEDULE

6:00

7:00

8:00

9:00

10:00

11:00

12:00

1:00

2:00

3:00

4:00

5:00

6:00

7:00

8:00

9:00

GOALS

NOTES

✓ TASKS

- ○
- ○
- ○
- ○
- ○
- ○
- ○
- ○
- ○
- ○
- ○
- ○
- ○
- ○
- ○
- ○
- ○
- ○
- ○

DATE

SCHEDULE

6:00

7:00

8:00

9:00

10:00

11:00

12:00

1:00

2:00

3:00

4:00

5:00

6:00

7:00

8:00

9:00

GOALS

NOTES

✓ TASKS

- ○ _____
- ○ _____
- ○ _____
- ○ _____
- ○ _____
- ○ _____
- ○ _____
- ○ _____
- ○ _____
- ○ _____
- ○ _____
- ○ _____
- ○ _____
- ○ _____
- ○ _____
- ○ _____
- ○ _____
- ○ _____
- ○ _____
- ○ _____

DATE

SCHEDULE

6:00

7:00

8:00

9:00

10:00

11:00

12:00

1:00

2:00

3:00

4:00

5:00

6:00

7:00

8:00

9:00

GOALS

NOTES

TASKS

- ✓
- ○
- ○
- ○
- ○
- ○
- ○
- ○
- ○
- ○
- ○
- ○
- ○
- ○
- ○
- ○
- ○
- ○

DATE

SCHEDULE

6:00

7:00

8:00

9:00

10:00

11:00

12:00

1:00

2:00

3:00

4:00

5:00

6:00

7:00

8:00

9:00

GOALS

NOTES

TASKS
- ◯
- ◯
- ◯
- ◯
- ◯
- ◯
- ◯
- ◯
- ◯
- ◯
- ◯
- ◯
- ◯
- ◯
- ◯
- ◯
- ◯
- ◯
- ◯

www.ingramcontent.com/pod-product-compliance
Lightning Source LLC
Chambersburg PA
CBHW051219170526
45166CB00005B/1964